Vorwort

Ein feuerfestes Behältnis, köstliche Zutaten
und einen Backofen – mehr braucht man
nicht, um leckere Aufläufe zuzubereiten.
Die Möglichkeiten sind grenzenlos:
von A wie abwechslungsreich, around the
world oder arbeitsintensiv, über E wie
experimentell oder energiesparend bis hin
zu S wie schnell oder schmackhaft und
V wie vegetarisch.

In diesem Buch erwarten Sie 25 Rezepte,
die nicht immer direkt an einen Auflauf
erinnern und nicht nur Sie, sondern auch
Gäste, Freunde und Familie begeistern werden. Zaubern Sie ganze Menüs aus Aufläufen,
bei denen man nicht die ganze Zeit in der
Küche stehen bleiben muss, sondern sich
ganz entspannt seinen Gästen widmen kann.

Inhalt

vegetarisch

süß und fruchtig

Schnupper-Rezept

Alles in Form – Aufläufe

Herkunft

Haben Sie sich auch schon einmal gefragt, woher eigentlich das Wort „Auflauf" kommt? Laufen etwa die Kartoffeln auf den Käse auf? Oder hat es damit zu tun, dass es beim Zubereiten solcher Gerichte zu einem Auflauf von Menschen kam, die dem köstlichen Duft bis an den Ort des Geschehens gefolgt sind? Wenn man im Duden nachschlägt, wird man auf das Verb „auflaufen" verwiesen und dem werden acht Bedeutungen zugeordnet, darunter zum Beispiel „anschwellen", „anhäufen" oder „ansteigen". Stimmt alles ein bisschen. Ein Auflauf bringt jedenfalls Zutaten und Menschen zusammen.

Bei unseren Nachbarn hört sich Auflauf gleich wie Musik in den Ohren an, denn dort heißt es dann „Clafoutis" (süßer Auflauf), „Casserole" oder auch „Braadpan" und „Scheiterhaufen". Entstanden ist diese Art der Zubereitung aus der von gefüllten Pasteten. 1866 wurde der erste moderne Auflauf zubereitet, so wie wir ihn heute kennen.

Ein Auflauf eignet sich ideal, um Reste zu verwerten

Die Nudeln oder Kartoffeln vom Vortrag schnell in die Form geben, ein bisschen kleingeschnittenes Gemüse, Soße und Käse dazu – fertig ist ein schmackhaftes Gericht. Dabei kann ein Auflauf sehr abwechslungsreich sein. Jede Kombination ist erlaubt: Gemüse pur, Gemüse und Fleisch, Gemüse und Fisch, nur Fleisch, nur Fisch, süß, herzhaft, kalorienarm – der Kreativität sind keine Grenzen gesetzt. Auch Obst kann in einem Auflauf fantastisch schmecken. Klassiker wie die herzhaften Aufläufe mit Kartoffeln und Nudeln lassen sich hervorragend mit Zucchini, Brokkoli, Möhren, Tomaten, Spinat, Lachs oder Hackfleisch kombinieren.

Sofern nicht anders angegeben, bezieht sich die Backtemperatur auf Ober-/Unterhitze mit dem Rost auf mittlerer Schiene.

Gerade Kinder lieben bunte überbackene Aufläufe

Jegliche Sonderwünsche können erfüllt werden und das eine oder andere ungeliebte Gemüse kann ganz schnell unter anderen schmackhaften und heiß geliebten Zutaten versteckt werden. Wer wie ein Auflauf „in Form" bleiben möchte, sollte auf die Sahnesoße verzichten und dafür eine leichte Tomatensoße oder Gemüsebrühe zaubern. Die knackige Käsekruste erreicht man auch mit Semmelbröseln, Pumpernickel oder Nüssen.
Aufläufe eignen sich perfekt dazu, sie am Vortag vorzubereiten und sie dann einfach nur noch in den Ofen zu schieben. Das ist auch perfekt, wenn man Gäste erwartet. Die Küche ist bereits sauber und man hat Zeit, sich um die Freunde oder Verwandte zu kümmern, während der Auflauf lecker duftet und im Ofen vor sich hinbräunt. Auch klein geschnitten und bereits kalt eignen sich Aufläufe gut für ein Buffet.

Beachten muss man jedoch die unterschiedlichen Garzeiten
einzelner Zutaten. Meist sollte man Nudeln, Reis oder Kartoffeln schon vorher kochen, damit diese nicht zu hart sind,
während andere Inhalte schon längst zu weich und labberig
werden.
Auch sollte man darauf achten, dass man Käse mit hohem Fett-
gehalt zum Überbacken verwendet. Käsesorten mit wenig Fett-
gehalt brennen schneller an und werden bitter. Mit Mozzarella
oder jungem Gouda wird die Käsekruste ein Genuss. Falls der
Auflauf dann doch schon etwas zu dunkel wird, sollte man ihn
zwischendurch abdecken, um dann einfach weiter zu garen.
Auflaufreste sollten am besten lauwarm eingefroren werden.
Das erhält die Frische und der Auflauf schmeckt auch noch
nach einer Woche so gut wie frisch.

Herzhaft mit Fleisch

Tipp
Kochen Sie am Vortag mehr Kartoffeln, sodass Sie für den Auflauf schon die passende Menge fertig haben. Wenn Sie den Auflauf am Vortag zubereiten und ungebacken kalt stellen, erhöht sich die Garzeit um mindestens 20 Minuten.

Grünkohl-Leberkäse-Auflauf

mit Sesamkruste

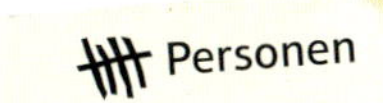

Zutaten

800 g Kartoffeln
Salz
500 g Leberkäse
3 EL Griebenschmalz
1,2 kg Grünkohl, frisch
1 Zwiebel
Pfeffer
300 ml Gemüsebrühe

1 EL Senf
3 EL Crème fraîche
2 EL Paniermehl
2 EL Sesam
1 EL geriebener Hartkäse

Außerdem:
Butter für die Form

Eine Auflaufform buttern.
Die Kartoffeln schälen und in Salzwasser 20 Minuten kochen. Abkühlen lassen und in Scheiben schneiden.
Den Leberkäse würfeln und in einer Pfanne 5 Minuten anbraten. Auf einem Teller zur Seite stellen.
Den Grünkohl waschen, trocken schütteln, die Blätter von den Stielen trennen und in Streifen schneiden. Die Zwiebel schälen und würfeln. In der Pfanne in 2 EL Griebenschmalz anschwitzen. Grünkohl zugeben und etwa 5 Minuten dünsten. Salzen und pfeffern.

Mit den Kartoffelscheiben und dem Leberkäse in die vorbereitete Auflaufform schichten.
Den Backofen auf 200 °C vorheizen.
Die Brühe in der Pfanne aufkochen. Senf, Crème fraîche, Salz und Pfeffer einrühren. Über den Grünkohl gießen.
Paniermehl, Sesam und den Hartkäse vermengen. Den Auflauf damit bestreuen. Das restliche Griebenschmalz in kleinen Flöckchen darauf verteilen.
Bei 200 °C im vorgeheizten Backofen etwa 30 Minuten überbacken.

Hackfleisch-Kürbis-Auflauf

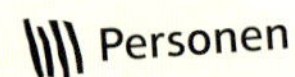

Zutaten

700 g Hokkaido-Kürbis
3 EL Olivenöl
500 g gem. Hackfleisch
Salz, Pfeffer
½ TL Kümmel, ½ TL Fenchelsamen
5 Zweige Thymian
200 ml Tomatensaft
1 Dose Tomaten (425 g)
1 Prise Zucker
100 g Bergkäse

Den Kürbis waschen, trocken reiben und vierteln. Die Kerne und Fäden herauskratzen. Die Kürbisviertel quer in dünne Scheiben schneiden. In einer Pfanne 2 EL Öl erhitzen, das Hackfleisch darin 2–3 Minuten krümelig anbraten. Salzen, pfeffern und aus der Pfanne nehmen.
1 EL ÖL zum Bratfett geben und erhitzen. Das Kürbisfruchtfleisch darin 5–6 Minuten bei mittlerer Hitze bissfest braten. Inzwischen Kümmel und Fenchelsamen grob zerstoßen oder hacken. Den Thymian waschen, trocken tupfen und die Blättchen von den Zweigen zupfen. Dabei einige Blättchen für die Garnitur beiseitelegen.

Kümmel, Fenchel, Thymian, Tomatensaft, Tomaten und Hackfleisch zum Kürbis geben.
Alles 3–4 Minuten köcheln, dabei die Tomaten mit dem Pfannenwender zerkleinern.
Mit Salz, Pfeffer und Zucker würzen.
Die Kürbis-Hackmasse in eine passende Auflaufform geben. Den Käse reiben und darüber streuen. Im vorgeheizten Backofen (E-Herd: 200 °C/Umluft: 175 °C/Gas: Stufe 3) 10–15 Minuten goldbraun überbacken. Aus dem Ofen herausnehmen, kurz abkühlen lassen und mit den restlichen Thymianblättchen garnieren.

2

Lamm-Dinkelreis-Auflauf

im Butternut-/Hokkaido-Kürbis

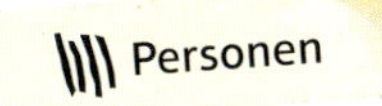

Zutaten

1 Butternut-/Hokkaido-Kürbis
Salz, Pfeffer
6 EL Öl
2 Zwiebeln, klein gewürfelt
1 Knoblauchzehe, gehackt
500 g Hackfleisch vom Lamm
1 EL Oreganoblättchen
Abrieb von ½ Zitrone
1 EL Currypulver
½ TL geriebener Ingwer
1 TL Paprikapulver

½ TL Cayennepfeffer
100 g Dinkelreis
100 g getrocknete Aprikosen, klein geschnittene
50 g getrocknete Feigen, gewürfelt
50 g Rosinen
50 g gehackte Mandeln
6 Eier
250 ml Sahne
100 g geriebener mittelalter Gouda

Den Dinkelreis etwa 10 Minuten in reichlich Salzwasser vorkochen und abgießen.

Vom Kürbis der Länge nach den Deckel abschneiden, mit einem scharfkantigen Löffel Fasern und Kerne herauslösen. Bis auf 1 cm das feste Kürbisfruchtfleisch herausschaben, grob würfeln und die Kürbisinnenwand mit Salz und Pfeffer einreiben.

In einer großen Pfanne Öl erhitzen, nacheinander Zwiebelwürfel, Knoblauch und Hackfleisch anbraten und mit den angegebenen Zutaten würzen. Kürbis und Reis daruntermischen, kurz mit anschmoren und die Wärmezufuhr abschalten.

Aprikosen, Feigen, Rosinen und Mandeln untermischen und das Ganze abschmecken. Es darf ruhig überwürzt schmecken. Den Kürbis nun auf ein Blech setzen und mit der Masse befüllen. Eier, Käse und Sahne mit einem Pürierstab mixen, vorsichtig salzen, pfeffern und über die Füllung gießen. Nun mit dem Kürbisdeckel schließen. Bei 200 °C Umluft (220 °C Ober-/Unterhitze) auf der untersten Schiene 1,5 – 2 Stunden backen (Garprobe: Den Kürbis mit einem Holzstab anstechen).

Tipp
Die Semmel-
brösel aus
getrocknetem
Weißbrot
(oder Brötchen)
reiben.

Spitzkohl-Hackfleisch-Auflauf

unter Blätterteig

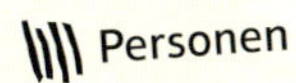

Zutaten

600 g Spitzkohl
400 g gem. Hackfleisch
2 Zwiebeln
2 Knoblauchzehen
1 TL Butterschmalz
Salz
frisch gemahlener Pfeffer
frisch geriebene Muskatnuss
1 EL Mehl

200 ml Sahne
200 ml Gemüsebrühe
1 Rolle Blätterteig, Kühlregal
2 Eigelb

Außerdem:
Butter zum Einfetten
50 g Semmelbrösel

Den Spitzkohl putzen, waschen und längs vierteln. Die Strunkstücke keilförmig abtrennen und das Gemüse in feine Streifen schneiden. Die Zwiebeln und den Knoblauch schälen und fein würfeln.

In einer Pfanne das Butterschmalz erhitzen und das Hackfleisch darin anbraten. Die Zwiebeln und den Knoblauch zugeben, mit Salz, Pfeffer und Muskat würzen und nochmals kurz braten. Die Mischung mit dem Mehl bestreuen und umrühren. Die Sahne und die Brühe angießen und aufkochen. Unter Rühren einige Minuten köcheln lassen.

Den Backofen auf 180 °C vorheizen. Eine Auflaufform von ca. 20 x 30 cm mit Butter ausstreichen und mit Semmelbröseln ausstreuen. Die Hälfte des Spitzkohls darauf verteilen. Die Hackfleischsoße darübergeben. Dann mit den restlichen Kohlstreifen bedecken. Die Blätterteigplatte über dem Auflauf ausbreiten. Den überstehenden Teig abschneiden und kleine Figuren daraus ausstechen. Diese zur Verzierung auf den Auflauf legen. Damit der Dampf entweichen kann, mit einer Gabel mehrere Löcher in die Teigplatte stechen. Das Eigelb verquirlen und den Teig damit bestreichen.

Den Auflauf im vorgeheizten Backofen bei 180 °C etwa 30 – 40 Minuten backen.

Couscous-Auflauf

Zutaten

2 Möhren
2 Stangen Staudensellerie
500 g Tomaten
1 Bund Frühlingszwiebeln
4 Hähnchenfilets (à ca. 150 g)
Salz, Pfeffer
500 ml Gemüsebrühe (instant)
250 g Couscous (vorgegarter
Hartweizengrieß)

1 EL Butter
1 Zimtstange
3 EL Olivenöl
1 TL gemahlener Kreuzkümmel
1 TL gemahlener Koriander
½ TL Chilipulver
200 g Schafskäse

Die Möhren schälen, waschen und fein würfeln. Sellerie waschen und in ganz feine Ringe schneiden. Tomaten waschen, entkernen und in Spalten schneiden. Frühlingszwiebeln putzen, waschen und in Ringe schneiden.

Die Hähnchenfilets waschen, trocken tupfen und mit Salz und Pfeffer würzen. 300 ml Gemüsebrühe aufkochen, Möhren und Sellerie dazugeben und ca. 2 Minuten kochen. Topf vom Herd nehmen, das Couscous unterrühren. Butter und Zimtstange unterrühren und das Ganze zugedeckt ca. 10 Minuten ausquellen lassen.

Inzwischen 2 EL Olivenöl in einer Pfanne erhitzen. Die Hähnchenfilets darin von allen Seiten ca. 10 Minuten braten und dann herausnehmen. Kreuzkümmel, Koriander und Chili vermischen und im Bratfett ca. 2 Minuten anschwitzen. Tomaten und Frühlingszwiebeln dazugeben und andünsten.

Couscous mit einer Gabel auflockern und 1 EL Olivenöl unterrühren. Tomaten, Lauchzwiebeln und Couscous in eine Auflaufform geben. 200 ml Gemüsebrühe darübergießen. Hähnchenfleisch in Scheiben schneiden. Schafskäse evtl. abtropfen lassen, würfeln und mit dem Fleisch in die Auflaufform geben.

Im vorgeheizten Backofen bei 180 °C Umluft auf der mittleren bis oberen Schiene ca. 10 Minuten backen.

5

6

Türkischer Brotauflauf

Zutaten

300 g altbackenes Weiß- oder Mischbrot
600 g Lammfleisch, z. B. aus der Schulter
4 Knoblauchzehen
5 EL Olivenöl
1 TL Paprika, rosenscharf
½ TL Kreuzkümmel
Salz, frisch gemahlener Pfeffer
500 ml türkischer Joghurt, 10 % Fett
3 EL Paprikamark, mild oder scharf
100 ml Wasser
½ TL getrocknete Minze
80 g Butter und Butter für die Form

Das Lammfleisch wie Dönerfleisch in dünne, kleine Scheiben schneiden. Den Knoblauch schälen und durch eine Presse drücken. 1 TL Knoblauch mit 2 EL Olivenöl, Paprika, Kreuzkümmel, Salz und Pfeffer verrühren. Das Lammfleisch mindestens 1 Stunde in der Mischung marinieren. Den Backofen auf 200 °C vorheizen. Eine große Auflaufform einfetten.

Das Brot in Scheiben schneiden oder würfeln und in die Auflaufform legen. Im vorgeheizten Backofen etwa 10 Minuten rösten. Inzwischen den restlichen Knoblauch mit Joghurt und etwas Salz glatt rühren.

Das Lammfleisch in einer Pfanne in dem restlichen Öl kräftig anbraten. Paprikamark, 100 ml Wasser und die Minze dazugeben, aufkochen und einige Minuten köcheln lassen.

Die Butter separat in einem kleinen Pfännchen erhitzen. Die Hälfte über das Brot träufeln. Zunächst den Joghurt darauf verteilen und dann das Lammfleisch darübergeben. Die restliche Butter darübergießen und den Brotauflauf sofort servieren.

Blumenkohl-auflauf

\\ bis \\\ Personen

Zutaten

1 Blumenkohl
1–2 Bratwurstschnecken oder
grobe Bratwürste
1 Zwiebel
1 Knoblauchzehe
1 EL Kräuter nach Belieben
etwas Öl

Salz, Pfeffer
1 EL Mehl
2 EL Butter
Wasser vom gedämpften
Blumenkohl
1 Schuss Milch
100 g Bergkäse

Ein Dämpfkörbchen oder Metallsieb in einen Topf stellen oder hängen. Ca. 300 ml Wasser einfüllen, der Dampfeinsatz soll das Wasser nicht berühren. Den Stiel des Blumenkohls kreuzweise einschneiden und den ganzen Blumenkohl in den Einsatz hineinlegen, etwas salzen und zugedeckt bei mittlerer Hitze ca. 15–20 Minuten dämpfen, bis er bissfest ist. Kochwasser für die Soße aufheben.
In der Zeit Bratwurst aus dem Darm pellen und klein schneiden. Die Zwiebel und den Knoblauch schälen und in Würfel schneiden. Die Kräuter waschen und fein hacken.
Eine Pfanne aufstellen und erwärmen.
Öl darin erhitzen, Bratwurst dazugeben und ca. 5 Minuten bei mittlerer Hitze goldbraun braten. Dann die Zwiebel und den Knoblauch dazugeben und braten, bis diese glasig sind.
In einem Topf die Butter schmelzen, das Mehl dazugeben und ca. 3 Minuten unter Rühren leicht köcheln. Das Mehl soll keine Farbe nehmen! Dann unter Rühren nach und nach das Blumenkohlwasser dazugeben, bis es eine sämige Soße ist. Weitere 5 Minuten unter Rühren leicht köcheln lassen. Zum Schluss einen Schuss Milch dazugeben, damit es eine schöne weiße Béchamelsoße wird.
Den gegarten Blumenkohl auf ein Brett legen und von der Strunkseite vorsichtig aushöhlen. Die Füllung darin verteilen und andrücken. Den Blumenkohl in eine Auflaufform setzen, mit der Béchamelsoße übergießen und den Bergkäse darüberreiben. Im Backofen bei 180 °C Ober-/Unterhitze mit Grillfunktion auf mittlerer Schiene gratinieren, bis die gewünschte Bräunung erreicht ist.

Herzhaft mit Fisch

8

Avocado-Kartoffel-Auflauf

mit Räucherlachs

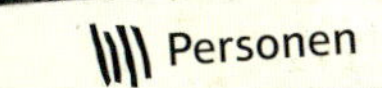

Zutaten

1 reife Avocado, Sorte Fuerte, ca. 300 g
1 kg mehligkochende Kartoffeln
2 Zwiebeln
150 g Räucherlachs, in Scheiben
100 g Crème fraîche
150 ml Gemüsebrühe
Salz, frisch gemahlener Pfeffer
frisch geriebene Muskatnuss

Außerdem:
Butter für die Form

Eine Auflaufform mit Butter einfetten.
Die Kartoffeln schälen, waschen und in dünne Scheiben hobeln. Die Zwiebeln schälen und in dünne Scheiben hobeln oder schneiden. Die Hälfte der Kartoffeln in der Auflaufform verteilen, die Zwiebeln daraufschichten und mit den Lachsscheiben belegen. Den Backofen auf 200 °C vorheizen.
Die Avocado halbieren, den Kern mit einem Messer herauslösen. Die Schale abziehen und das Fruchtfleisch in 1 cm dicke Scheiben schneiden. Auf den Lachs legen und die restlichen Kartoffeln darauf gleichmäßig verteilen.
Die Crème fraîche mit der Gemüsebrühe verquirlen, kräftig mit Salz, Pfeffer und Muskat würzen. Die Mischung über den Kartoffeln verteilen. Mit Backpapier und Alufolie bedecken, die Ränder gut festdrücken. Im Backofen 45 Minuten garen.
30 Minuten vor Ende der Garzeit das Backpapier und die Folie entfernen und den Auflauf fertiggaren. Für die Garprobe mit einem spitzen Messer hineinstechen. Wenn es leicht durch die Kartoffeln gleitet, ist der Auflauf fertig.

Garnelenauflauf mit Feta

Zutaten

1 Zwiebel
2 Tomaten
1 Knoblauchzehe
200 g Schafskäse
100 g Crème fraîche
1 TL Kräuter der Provence
Salz, Pfeffer
Paprikapulver, rosenscharf
250 g Garnelen

Zwiebel abziehen und klein würfeln. Tomaten waschen, entkernen und ebenfalls in kleine Würfel schneiden. Knoblauch pressen und mit Zwiebel und Tomaten in eine Schüssel geben. Den Schafskäse zerbröseln und hinzufügen. Crème fraîche, Kräuter und etwas Salz, Pfeffer und Paprikapulver zur Tomaten-Schafskäse-Mischung geben. Dann die Garnelen hinzufügen und alles gut vermischen. Noch einmal abschmecken und in kleine Auflaufförmchen füllen. Im vorgeheizten Backofen bei 200 °C auf der mittleren Schiene ca. 15 Minuten backen, bis der Käse appetitlich gebräunt ist.

9
Tipp
Dazu passen
Pellkartoffeln
sehr gut.
Als Vorspeise einfach
Brot dazu reichen.

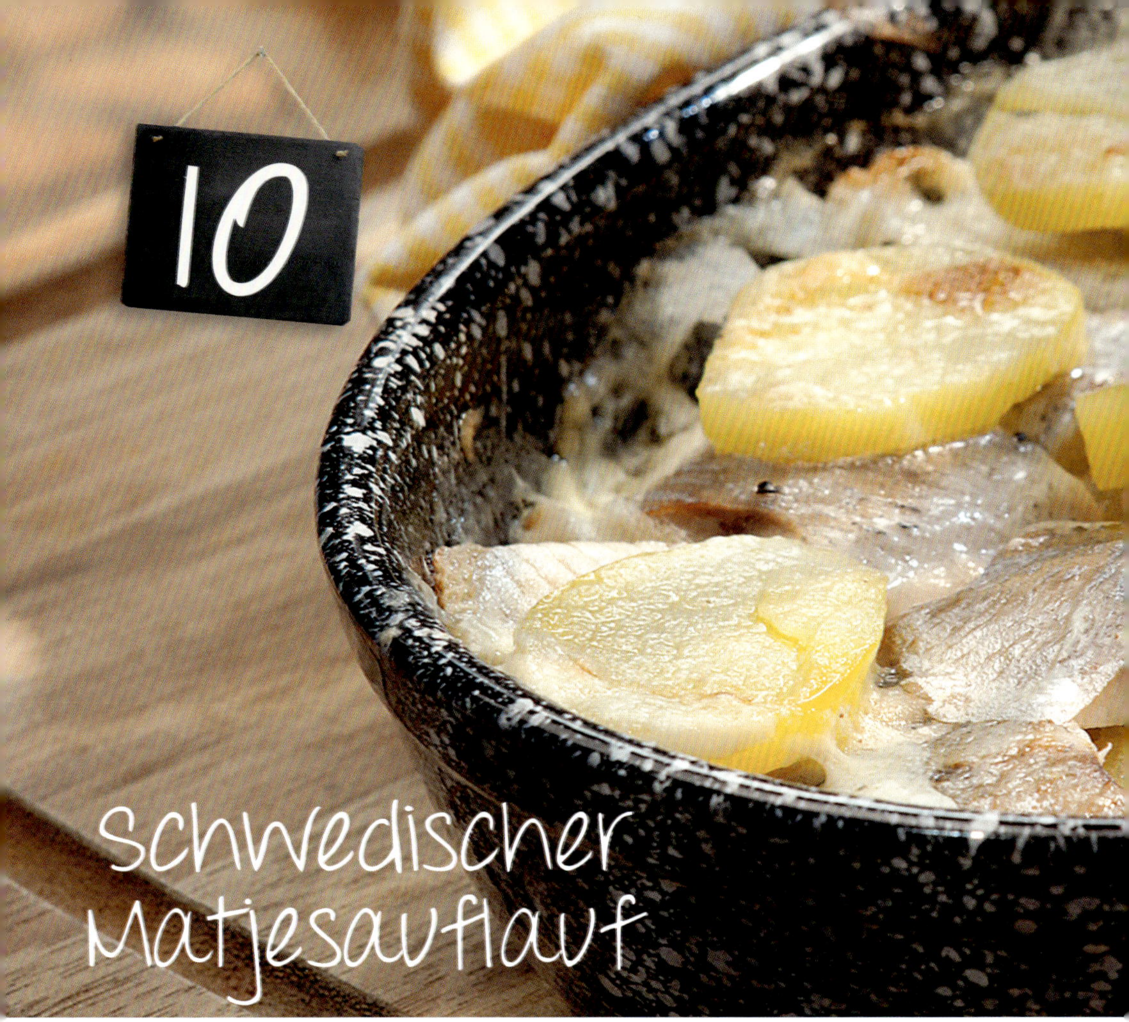

Schwedischer Matjesauflauf

IIII Personen

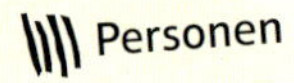

Zutaten

8 Matjesfilets
250 ml Milch, Wasser
4 Zwiebeln
50 g Butter
800 g Kartoffeln
Butter für die Form
Salz, Pfeffer
250 ml Sahne

Matjesfilets in eine Schüssel geben. Mit Milch und so viel Wasser übergießen, dass die Filets bedeckt sind. Zugedeckt 3 – 4 Stunden wässern.
Zwiebeln abziehen und in dünne Ringe schneiden. 30 g Butter in der Pfanne erhitzen, Zwiebelringe darin glasig braten. Kartoffeln schälen, waschen und mit Küchenkrepp trocken tupfen. Matjesfilets

unter fließendem Wasser abspülen, mit Küchenkrepp trocken tupfen. In Streifen schneiden und entgräten.
Eine feuerfeste Form üppig mit Butter einfetten. Die Hälfte der Kartoffelscheiben hineingeben, nur leicht salzen (Matjes sind per se salzig) und pfeffern. Dann die Zwiebelringe darauf legen. Darüber die Matjesstreifen schichten und mit den restlichen Kartoffelscheiben abschließen.

Noch einmal ganz leicht salzen und pfeffern. 125 ml Sahne darüber gießen und die restliche Butter in Flöckchen darauf setzen.
Auf die unterste Schiene in den vorgeheizten Backofen stellen und 50 Minuten bei 200 °C (Gas: Stufe 4) backen. 30 Minuten vor Ende der Garzeit mit der restlichen Sahne übergießen.

Mini Lachs-Mangold-Aufläufe

||||| Personen

Zutaten

300 g Mangold
2 Zwiebeln
1 Knoblauchzehe
3 EL Butter
200 g Feta
Salz
Pfeffer
Muskatnuss
500 g Lachsfilet, küchenfertig, ohne Haut
Strudelteig 100 g
Öl für das Backblech
ca. 12 Eier

Den Backofen auf 180 °C Ober- und Unterhitze vorheizen. Den Mangold waschen, verlesen, grob zerteilen und tropfnass in einer Pfanne mit etwas Butter dünsten, bis er zusammengefallen ist. Auf einen Teller geben und zur Seite stellen. Die Zwiebeln und den Knoblauch schälen und fein würfeln. Zusammen in heißer Butter 5 Minuten dünsten. Mit dem Mangold verrühren und mit Salz, Pfeffer und Muskat würzen.
Den Feta in kleine Würfel schneiden und unter die Masse heben.

Das Lachsfilet in ca. 5 cm
große Würfel, den Strudelteig in ca. 10 cm große
Quadrate scheiden und die
Mulden eines Muffinbleches
einfetten. Jeweils zwei Stru-
delteig-Quadrate in die ein-
zelnen Mulden legen und
sanft nach unten drücken.
Je einen Lachswürfel in eine
Mulde legen und nun etwas
von der Mangoldfüllung darauf geben. Nicht bis zum
Rand füllen!
Anschließend auf jede
Mulde ein Ei geben.
Im Backofen auf mittlerer
Schiene ca. 20 Minuten
garen.

vegetarisch

Gratinierter Spinat-Kichererbsen-Auflauf

Zutaten

450 g Spinat, ganze Blätter, TK
1 Glas Kichererbsen, abgetropft ca. 220 g
1 große Zwiebel
1 Knoblauchzehe
2–3 EL Olivernöl
1 TL Koriandersamen
Salz
frisch gemahlener Pfeffer
1 EL gesalzene Erdnüsse
2 EL Paniermehl
1 EL geriebener Parmesan
100 g Feta

Den Backofengrill auf 240 °C vorheizen. Eine Auflaufform mit etwas Olivenöl einfetten. Den Spinat etwas antauen lassen. Die Kichererbsen in ein Sieb geben, mit Wasser abbrausen und abtropfen lassen.

Die Zwiebel und die Knoblauchzehe schälen und fein würfeln. 1 EL Olivenöl in einer Pfanne erhitzen, die Zwiebel- und Knoblauchwürfel darin anschwitzen. Den Koriandersamen im Mörser zerstoßen und dazugeben. Alles verrühren, bis die Masse duftet. Dann den Spinat und die Kichererbsen zufügen.

Die Gemüsemischung 5 Minuten dünsten und mit Salz und Pfeffer kräftig würzen.

Die Erdnüsse sehr fein hacken. Mit dem Paniermehl und Parmesan vermischen. Den Feta würfeln.

Das Gemüse in die Auflaufform geben und mit dem Feta belegen. Die Paniermehlmischung darüberstreuen und das restliche Olivenöl darüberträufeln. Den Auflauf auf der 2. Schiene von oben in den Backofen schieben und 5–10 Minuten unter Aufsicht gratinieren.

12

13

Kartoffel-Pilz-Gratin

mit Käsekruste

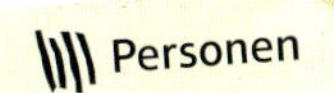

Zutaten

500 g mehligkochende Kartoffeln
400 g Pilze, z. B. Kräuterseitlinge
oder Champignons
200 ml Milch
2 Eier
180 g würzige, geriebene
Käsereste, z. B. Bergkäse
125 g saure Sahne

Salz
frisch gemahlener Pfeffer
frisch geriebene Muskatnuss
2 EL Pflanzenöl
2 EL gehackte glatte Petersilie
1 EL flüssige Butter für die Form

Die Kartoffeln am besten im Dampfdrucktopf dämpfen und etwas auskühlen lassen. Anschließend schälen und in dünne Scheiben schneiden. Die Pilze putzen und ebenfalls in dünne Scheiben schneiden.

Die Milch mit 2 Eiern, saurer Sahne und etwa der Hälfte des Käses vermischen. Mit Salz, Pfeffer und Muskat würzen.

Das Öl in einer Pfanne erhitzen und die Pilze darin leicht anbraten, mit Salz, Pfeffer und der gehackten Petersilie würzen.

Den Backofen auf 170 °C vorheizen. Eine Auflaufform mit der Butter einfetten, die Hälfte der Kartoffeln leicht überlappend in die Form legen, darauf die Pilze verteilen und diese mit den restlichen Kartoffelscheiben überlappend bedecken. Mit der Eiermilch übergießen.

In den vorgeheizten Backofen schieben und das Gratin 45 Minuten backen, dabei nach etwa 30 Minuten den restlichen Käse darauf verteilen und es fertig backen.

Das Gratin herausnehmen und vor dem Servieren einige Minuten ruhen lassen.

Mit etwas frisch gemahlenem Pfeffer bestreut servieren.

Auberginenauflauf

Zutaten

5 – 6 Auberginen
1 Bund gemischte Kräuter
(z. B. Thymian,
Rosmarin, Oregano)
500 g passierte Tomaten
6 EL Olivenöl
Salz, Pfeffer aus der Mühle
½ TL Zucker
200 g Parmesan

Die Auberginen waschen und den Stielansatz entfernen. Die Früchte in 0,5 cm dicke Scheiben schneiden. Salzen und 5 Minuten ziehen lassen. Eine Grillpfanne erhitzen und die Auberginenscheiben darin ohne Fett von beiden Seiten grillen.
Den Backofen auf 180 °C vorheizen. Die Kräuter waschen und trockentupfen. Die Blätter und Nadeln abzupfen und hacken. Mit den passierten Tomaten, dem Olivenöl, Salz, Pfeffer sowie dem Zucker vermengen und kräftig abschmecken.

Den Parmesan fein reiben.
Eine Auflaufform von ca. 15 x 25 cm mit Backpapier auslegen und eine Schicht Auberginenscheiben hineingeben. Mit Tomatenpüree bedecken und mit Parmesan bestreuen. Den Vorgang wiederholen, bis alle Zutaten verbraucht sind. Die letzte Schicht mit Parmesan bestreuen. Im vorgeheizten Backofen bei 180 °C etwa 90 Minuten schmoren lassen. Den Auberginenauflauf im Ofen abkühlen lassen und über Nacht kalt stellen. Kalt oder warm genießen.

15
VARIANTE:
Um das Geschmacks-
erlebnis zu erweitern,
kann man diesen Auflauf
zusätzlich mit Lachs oder
gebratenem Hackfleisch
zubereiten.

Kartoffel-Spinat-Auflauf

Zutaten

1 kg Feldspinat
10 neue Kartoffeln (festkochend)
4 Knoblauchzehen
2 Eier
200 ml süße Sahne
200 ml Milch
150 g Parmesan, frisch gerieben
Muskatnuss, frisch gerieben
Olivenöl, Salz

Spinat von groben Strünken befreien, gründlich waschen und trocken schleudern. Kartoffeln schälen, waschen und in Scheiben schneiden. Eine ovale Auflaufform mit Olivenöl ausstreichen. Die Knoblauchzehen abziehen, ausdrücken und gleichmäßig in der Auflaufform verteilen.

In einem Topf Olivenöl erhitzen. Den Spinat darin andünsten und mit Salz würzen. Anschließend Kartoffeln und Spinat abwechselnd in die Auflaufform schichten, mit einer Spinatschicht abschließen. Dann mit einer Prise geriebener Muskatnuss und Salz vorsichtig würzen.

Aus den Eiern, Sahne, Milch, einer Zwei-Drittel-Menge vom geriebenen Parmesan und einer Prise Muskatnuss eine geschmeidige Masse rühren. Die Mischung über die geschichtete Kartoffel-Spinat-Masse gießen. Sie muss vollständig mit Flüssigkeit bedeckt sein. Den restlichen Parmesan darüberstreuen und etwas Olivenöl darüberträufeln. Den Auflauf für 40 Minuten in den 180 °C heißen Backofen geben. Sollte die Käsekruste vor Ende der Garzeit eine zu intensive Bräunung annehmen, den Auflauf mit Alufolie bedecken.

Grillgemüse-auflauf

mit Muschelnudeln

Zutaten

200 g Grillgemüse (ggf. vom Vortag;
z. B. Zucchini, Aubergine, Paprika, Mais …)
250 g Muschelnudeln
3 Zweige Thymian
1 Zweig Rosmarin
1 Dose Tomatenstücke, 400 g
2 EL Olivenöl
Salz, frisch gemahlener Pfeffer
1 Kugel Mozzarella
3 Stiele Basilikum

Die Muschelnudeln in einem Topf mit kochendem, gesalzenen Wasser al dente garen und abgießen.
Das Gemüse grob würfeln. Den Thymian und Rosmarin waschen, trocken tupfen, die Blättchen abzupfen und hacken. Das Gemüse, die Kräuter, die Tomatenstücke und das Olivenöl in einer Schüssel mischen. Alles kräftig mit Salz und Pfeffer würzen.

Den Backofen auf 200 °C vorheizen. Die Muschelnudeln und das vorbereitete Gemüse in eine Auflaufform geben. Den Mozzarella in grobe Stücke zupfen und auf dem Gemüse verteilen. Den Auflauf 15 – 20 Minuten goldbraun backen.
Das Basilikum waschen, trocken tupfen und die Blätter zerkleinern. Den Auflauf damit bestreuen.

16

Conchiglioni-Auflauf

||| bis |||| Personen

Zutaten

Für die Conchiglioni:
400 g Conchiglioni
50 g Parmesan

Für die Füllung:
150 g Ricotta
125 g Mozzarella
30 g Parmesan
1 Topf Basilikum
Salz, Pfeffer
Buntes Gemüse in Würfeln, Stiften, Scheiben

Für die Tomatensoße:
2 Esslöffel Olivenöl
2 Knoblauchzehen
800 g gehackte Tomaten
1 Handvoll Basilikum
1 Handvoll Oregano
Salz, Pfeffer, Zitronenabrieb

Zum Dekorieren:
Nach Belieben Kresse, Sprossen, Blüten,
gehackte Kräuter oder geriebener Parmesan

Den Knoblauch schälen und fein hacken. Das Olivenöl in
einer Pfanne auf mittlerer Stufe erhitzen und den Knoblauch
ca. 1 Minute anbraten. Die gehackten Tomaten dazugeben
und mit Salz, Pfeffer und Oregano würzen. Zugedeckt leicht
köcheln lassen. Basilikum fein hacken und zur Seite stellen.

Backofen auf 160 °C (Umluft) vorheizen. Nudeln in kochendem Salzwasser 6 – 9 Minuten al dente garen. Abgießen und
abtropfen lassen.

Den Mozzarella fein würfeln und zusammen mit dem Ricotta
und geriebenem Parmesan vermengen. Mit Salz und Pfeffer
würzen. Die Basilikumblätter vom Strunk zupfen. Die
Käsecreme in kleine Kugeln formen und jeweils in ein Blatt
Basilikum setzen. Die gefüllten Basilikumblätter jeweils in
eine leicht abgekühlte Nudel legen.

Tomatensoße nun noch einmal mit Basilikum und Zitronenabrieb abschmecken und in eine Auflaufform geben. Die
gefüllten Nudeln daraufsetzen und die Nudeln mit bunten
Gemüsestiften, -scheiben und -würfeln auffüllen. Anschließend mit geriebenem Parmesan bestreuen und die Form mit
der Alufolie abdecken.

Auf mittlerer Schiene 20 Minuten backen. Die Alufolie
entfernen und die Nudeln weitere 10 – 15 Minuten backen,
bis die gewünschte Bräunung erreicht ist.

Gemüse-auflauf

in Spiralform

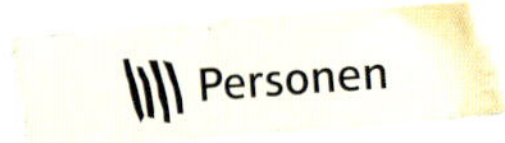

Zutaten

runde Auflaufform, ca. 26 cm
150 g Crème Fraîche
150 g saure Sahne
2 EL gehackte Petersilie
1 EL gehackter Liebstöckel
1 EL gehackter Majoran
150 g geriebener Parmesan
100 g geriebener alter Gouda
Salz, Pfeffer, Muskatnuss
2 kleine grüne Zucchini
2 orange Möhren
Buntes Gemüse,
z. B. Tomaten, Paprika, Pastinaken
2 kleine gelbe Zucchini
2 violette Möhren
2 Knoblauchzehen
1 EL Olivenöl

Das Gemüse gründlich waschen und trocken tupfen.
Die Möhren schälen und die Enden des Gemüses abschnei-
den.
Die Möhren und Zucchini mit einem Gemüseschäler oder
Gemüsehobel in dünne Streifen schälen und gegebenenfalls
mit dem Messer so in Form bringen, dass die Gemüsestreifen
in etwa gleich breit sind.
Die Gemüsestreifen nach Farbe stapeln und beiseitelegen.
Die Knoblauchzehen schälen, hacken und zusammen mit der
Crème Fraîche, sowie der sauren Sahne in eine Schüssel
geben. Den Käse sowie die restlichen Gewürze und Kräuter
hinzufügen und alles gründlich miteinander verrühren.
Den Backofen auf 180 °C Ober-/Unterhitze vorheizen und
eine Quicheform mit etwas Butter oder Olivenöl einfetten.
Die Crème Fraîche gleichmäßig auf dem Boden verteilen und
von außen nach innen die Gemüsestreifen nach Farbe anord-
nen.
Dazu jeweils eine Reihe Zucchini, eine Reihe gelbe Möhren
usw. aneinanderreihen, bis keine Gemüsestreifen mehr
übrigbleiben und die Form dicht belegt ist. Anfallende
Gemüseabschnitte können am Ende zwischen die geschichte-
ten Gemüsestreifen geschummelt werden.
Den Auflauf in den Ofen geben und auf unterster Schiene
ca. 50 Minuten backen. Nach ca. 20 Minuten die Schnittfläche
der Gemüsestreifen mit Olivenöl bepinseln und wieder
10 Minuten in den Ofen geben. Sollten die Gemüsestreifen
zu dunkel werden, mit Backpapier bedecken. Nach Ende der
Backzeit den Auflauf aus dem Ofen holen, kurz auskühlen
lassen, vorsichtig in Stücke schneiden und servieren.

Fächerauflauf

mit Kartoffeln

Zutaten

250 ml Vollmilch
20 g Butter, alternativ auch Butterschmalz
20 g Weizenmehl (Type 405)
frisch geriebene Muskatnuss
frisch gemahlener Pfeffer
Salz
Pfeffer
1 TL Paprikapulver, rosenscharf
4 EL gehackte Petersilie
1 große Tomate
1 gelbe Paprikaschote
6 große festkochende Kartoffel
1 Zucchini
2 EL Butter
2 EL Semmelbrösel

Für die Béchamelsoße:

Die Butter bei mittlerer Hitze schmelzen und das Mehl unterrühren, bis die Soße knapp 1 Minute aufschäumt, aber keinesfalls braun wird. Unter ständigem Schlagen des Schneebesens langsam die Milch hinzugießen. Die Soße wieder zum Kochen bringen und solange schlagen, bis sie dickflüssig wird. Nun bei geringer Hitze weiter kochen lassen und hin und wieder rühren, damit sie nicht anbrennt. Die Soße mindestens 5 Minuten kochen, damit sie den Mehlgeschmack verliert. Anschließend mit Salz, Pfeffer und 1 TL Paprikapulver würzen und 3 EL Petersilie zugeben.

Für die Kartoffelmischung:

Die Paprikaschote und die Tomate waschen, putzen und in dünne Scheiben schneiden. Die Kartoffeln waschen, schälen und dicht an dicht fächerförmig ein-, aber nicht ganz durchschneiden. Nun die Kartoffeleinschnitte nach Belieben mit den Paprika- und den Tomatenscheiben füllen. Das übrige Gemüse in Würfel schneiden. Die Hälfte der Béchamelsoße in eine feuerfeste Form gießen, Paprika- und Tomatenwürfel darauf darüberstreuen und die Kartoffeln daraufsetzen. Die andere Hälfte der Soße darüber verteilen. Im vorgeheizten Ofen bei 200 °C (Umluft 180 °C) auf der 2. Schiene von unten 50 Minuten backen. Die Butter zerlassen und die Semmelbrösel darin anrösten, über den Auflauf geben. Den Auflauf mit Petersilie bestreuen und servieren.

Spargel-Kartoffel-Gratin

\\\\ bis ~~~~| Personen

Zutaten

1 kg grüner Spargel
500 g Kartoffeln
2 Zwiebeln
1 Knoblauchzehe
2 EL Butter
1 EL Öl
4 EL Mehl
50 ml Weißwein

300 ml heiße Brühe
250 ml Milch
100 g geriebener Käse
4 Eigelb
geriebene Muskatnuss
10 Stiele Thymian, die
Blätter davon
Salz und Pfeffer

Die Kartoffeln schälen, in ca. 0,5 cm dicke Scheiben schneiden und in kaltem Wasser waschen. Beim grünen Spargel die unteren Enden abschneiden und eventuell das untere Drittel schälen. Die Kartoffeln und den Spargel in wenig kochendem Salzwasser ca. 10–15 Minuten garen.

Die gehackten Zwiebeln und den Knoblauch in der Butter glasig dünsten.

Das Mehl darüber stäuben und verrühren. Die heiße Brühe und den Wein unter ständigem Rühren hinzufügen, bis die Soße eindickt.

Nun die Milch hinzufügen und wieder zum Kochen bringen. Mit Salz, Pfeffer und Muskatnuss abschmecken.

Die Kräuter und den geriebenen Käse unterrühren und den Topf von der Herdplatte nehmen.

Die Eier wie bei einem Omelett aufschlagen, ein wenig von der warmen Soße hinzugeben und wieder verrühren. Nun die Mischung unter Rühren unter die Soße ziehen. Den Spargel und die Kartoffeln in ein Sieb abgießen und abtropfen lassen. In der Zeit die Auflaufform mit dem Öl einfetten. Backofen mit der Grillfunktion auf 180 °C vorheizen.

Nun zuerst die Kartoffeln in die Form schichten und dann den Spargel drauflegen und zum Schluss mit der Soße übergießen.

Im Backofen auf mittlerer Schiene ca. 15 Minuten gratinieren.

süß und fruchtig

21

Quinoa-Kirsch-Auflauf

Zutaten

125 g Quinoa
300 ml Milch
Zitronenabrieb
75 g Butter
100 g Rohrohrzucker
2 Eier
500 g Quark
1 EL Weizenmehl
½ Pck. Backpulver
1 Glas Kirschen
50 g Mandelblättchen
Öl
Butterflöckchen

Die Quinoa in der Milch mit dem Zitronenabrieb 15 Minuten leicht köcheln, anschließend auf der ausgeschalteten Herdplatte noch ca. 10 Minuten ziehen lassen. Vom Herd nehmen und abkühlen.
Die Eier trennen und eine Schaummasse aus Butter, Zucker und Eigelb herstellen. Den Quark, das Mehl und das Backpulver zugeben. Die gekochte Quinoa, die abgetropften Kirschen und die Mandelblättchen unter die Quarkmasse rühren. Das Eiweiß zu festem Eischnee schlagen und vorsichtig unterheben.
Die Masse in eine mit Öl gefettete Auflaufform füllen, mit einigen Butterflöckchen belegen und bei 175 °C (Umluft) auf mittlerer Schiene ca. 1 Stunde backen.

22

Pfirsichauflauf

Zutaten

6 Pfirsiche
4 EL Johannisbeergelee
30 g Mandelblättchen
30 g gehackte Nüsse
Zimt, Kardamom (nach
Belieben)
50 g Rosinen
75 g Marzipanrohmasse

3 Eier
150 g Schmand
250 g Magerquark
4 EL Zucker

Johannisbeergelee
Puderzucker zum Bestäuben

Die Pfirsiche waschen und den Kern entfernen. Das Gelee, die Nüsse, die Gewürze, die Mandelblättchen und die Rosinen miteinander vermengen und die Pfirsiche damit füllen.
Nun die Pfirsiche in eine ofenfeste, gefettete Form stellen und im vorgeheizten Backofen (E-Herd: 175 °C/ Umluft: 150 °C/ Gas: s. Hersteller) ca. 10 Minuten backen. Herausnehmen und zur Seite stellen. Die Eier trennen und das Marzipan zerzupfen. Das Marzipan mit Eigelb und steif schlagen Zucker pürieren. Den Quark und den Schmand hinzufügen und die Masse cremig rühren. Das Eiweiß mit einer Prise Salz steif schlagen und ebenfalls unter die Quarkmasse heben. Die Quarkmasse in die Auflaufform füllen und die Pfirsiche hineinsetzen. Den Backofen auf 160 °C Umluft umstellen und den Auflauf auf der mittleren Schiene für ca. 30 Minuten backen. Wenn die Pfirsiche zu dunkel werden, mit Alufolie abdecken.
Auf die Pfirsiche vor dem Servieren einen Klecks Johannisbeergelee geben und den Auflauf mit Puderzucker bestäuben.

Bananen-Toffee-Auflauf

Zutaten

8 Scheiben Toastbrot
250 ml Crème double
300 ml Milch
1 Vanilleschote
6 Eier
130 g Zucker
4 cl Bailey's
2 Bananen
3 EL Pinienkerne

Für die Toffees:
4 Bananen
3 EL Zucker
50 g Butter
Saft von 2 Limetten
100 ml Sahne

Rohrzucker zum Gratinieren
Butter für die Form

Das Toastbrot würfeln, auf ein Blech legen und im Backofen kurz anrösten. Crème double und Milch mit dem Mark einer Vanilleschote aufkochen. Eier mit Zucker und Bailey's schaumig schlagen. Die warme Milchmischung in die Ei-Masse quirlen. Bananen schälen und in dünne Scheiben schneiden. Eine gebutterte, ofenfeste Form mit den Toastbrotwürfeln auslegen, mit den Bananenscheiben belegen und mit der Ei-Milch befüllen. Zum Schluss die Pinienkerne darüberstreuen. Im Backofen bei 180 °C (Umluft: 155 °C, Gas: Stufe 3) ca. 25 Minuten backen.

Bananen schälen, in Scheiben schneiden und in eine Schüssel geben. Zucker mit 3 EL Wasser in einem Topf karamellisieren. Sobald der Zucker eine goldbraune Farbe angenommen hat, nacheinander Butter, Limettensaft und Sahne einrühren, aufkochen lassen und Bananenscheiben damit übergießen.
Die Toffee-Bananen-Mischung auf den fertigen Auflauf geben.
Kurz vor dem Servieren mit Rohrzucker bestreuen und mit einem kleinen Bunsenbrenner gratinieren.

23

Süßer Nudelnesterauflauf

Zutaten

200 g Äpfel	½ TL Zimt
150 g Aprikosen	200 g Spaghetti
100 g getrocknete Cranberries	20 g weiche Butter
2 EL Butter	150 ml Sahne
Zucker	1 Ei
Prise Muskatnuss	100 g gehackte Mandeln
Prise Kardamom	Butter für die Form

Die Äpfel waschen, Kerngehäuse entfernen und in 1 cm große Würfel schneiden. Die Aprikosen waschen, halbieren, Kern entfernen und in 1 cm breite Stücke schneiden. Die Butter in einer Pfanne erhitzen. Die Äpfel darin unter Rühren 3 Minuten bei mittlerer Hitze braten. Die Aprikosen und die Cranberries zugeben und weitere 3 Minuten braten. Nun nach Belieben mit den Gewürzen und dem Zucker abschmecken.

Die Spaghetti in reichlich kochendem Salzwasser nach Packungsanweisung bissfest garen. Eine Form (ca. 30 x 20 cm) mit Butter ausstreichen. Die Nudeln abgießen, abschrecken und gut abtropfen lassen.

Die Nudeln in acht Portionen teilen und jeweils um vier Finger zu Nestern wickeln, dabei mit dem Daumen zusammenhalten. Nebeneinander in die Form setzen und die Obstmischung auf den Nestern verteilen.

Die Sahne, das Ei und die Hälfte der Mandeln in ein hohes Gefäß geben, zuckern und pürieren. Die Mischung über die Nudelnester gießen. Die restlichen Mandeln drüberstreuen.

Im vorgeheizten Ofen bei 200 °C auf mittlerer Schiene 20 Minuten überbacken.

Tipp
Eine Muffinform ist bei diesem Auflauf sehr praktisch.

24

Apfelauflauf
mit Zwieback-Mandelkruste

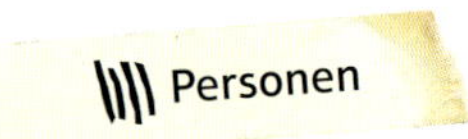

Zutaten

4 Äpfel
50 g Rosinen (nach Belieben)
60 g kalte Butter
2 Zwieback
2 EL gehackte Mandeln
½ TL Zimt
2 EL Zucker

Den Backofen auf 200 °C vorheizen.

Äpfel schälen, entkernen und in Spalten schneiden. In eine gebutterte Auflaufform geben und mit den Rosinen bestreuen. Zwieback in einen Gefrierbeutel geben und zerbröseln. Zwiebackbrösel, Mandeln, Zimt und Zucker vermengen und über die Äpfel streuen. Butter in dünne Scheiben schneiden und darauf verteilen.

Den Auflauf in den Backofen schieben und ca. 20 – 30 Minuten garen (je nach Apfelsorte). Noch warm mit Vanilleeis oder Vanillesoße servieren.

schweinchen-torte

Für eine 16er-Springform

zutaten

Für den Boden:
3 Eier
100 g Zucker
65 g Mehl
1 Pck. Vanille-Puddingpulver

Für die Erdbeer-Joghurt-Creme:
200 g Schokoriegel
7 Blatt Gelatine
500 g Erdbeeren
750 g Schmand
200 g Schlagsahne
1 Pck. Vanillezucker
25 g Zucker

Für die Ganache:
200 ml Schlagsahne
50 g Butter
150 g Zartbitter-kuvertüre

Für die Dekoration:
4 Packungen-Schoko-/Vanille-Röllchen
Fondant, rosa
Schleifenband

Außerdem:
Backpapier

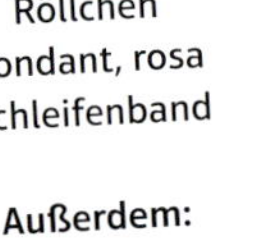

aus:
25 begeisternde Tortenrezepte
104 S. I Spiralbindung
€ 10,00
ISBN 978-3-7843-5518-4

Boden:

Den Backofen auf 175 °C vorheizen und die Springform mit Backpapier auslegen.
3 Eier und 100 g Zucker ca. 5 Minuten schaumig schlagen, anschließend das Mehl und das Puddingpulver hinzurühren. Den Teig auf die Springform verteilen und ca. 12 – 15 Minuten backen. Anschließend auskühlen lassen.

Erdbeer-Joghurt-Creme:

In der Zwischenzeit wird die Creme vorbereitet. Die Schokoriegel klein hacken und die Gelatine in kaltem Wasser einweichen. Die Erdbeeren waschen und klein schneiden.
Den Schmand und 25 g Zucker fest schlagen. Die Gelatine ausdrücken und bei niedriger Hitze in einem Topf auflösen. 3 EL der Schmandmasse unter die Gelatine rühren und dann unter die übrige Masse mischen. Die Sahne steif schlagen, dabei den Vanillezucker einrieseln lassen.
Erst die Sahne, dann die Erdbeeren und zum Schluss die Schokoriegelstückchen unter die Schmandmasse heben.

Aufbau:

Einen Tortenring um den Boden legen und die Creme darauf verteilen. Hier aufpassen, dass die Torte später nicht höher wird, als die Schoko-/Vanille-Röllchen (auf die Creme kommen später noch die Ganache und die Schweinchen. Die Waffelröllchen müssen überstehen). Die Torte nun in den Kühlschrank stellen. Sobald die Creme fest geworden ist, kann die Torte aus dem Kühlschrank genommen werden. Den Tortenring entfernen und die Schoko-/Vanille-Röllchen ringsherum an den Rand drücken.

Ganache:

Für die Ganache wird in einem Topf 200 ml Sahne erwärmt, dazu 50 g Butter geben. Die Kuvertüre klein hacken, zu der warmen Sahne geben und unter ständigem Rühren erhitzen, bis die Kuvertüre vollständig geschmolzen ist und eine dickflüssige Masse entsteht. Diese dann in eine Schüssel umfüllen und in den Kühlschrank stellen.

Dekoration:

Die Schweinchen aus dem rosa Fondant formen. Nun die abgekühlte Ganache auf die Erdbeer-Joghurt-Creme geben. Die Schweinchen sofort darauf platzieren und die Torte durchkühlen lassen.

Torten

25 begeisternde
Aufläufe
80 S. | Spiralbindung
€ 10,00
ISBN 978-3-7843-5519-1

25 begeisternde
Tortenrezepte
104 S. | Spiralbindung
€ 10,00
ISBN 978-3-7843-5518-4

25 begeisternde
Weihnachtsrezepte
104 S. | Spiralbindung
€ 10,00
ISBN 978-3-7843-5517-7

Begeistern
Sie Ihre Gäste!

EINFACH HAUSGEMACHT
Alle 2 Monate neu!

Tel. 0 25 01/8 01 43 74
www.einfachhausgemacht.de

EINFACH
HAUSGEMACHT
Mein Magazin für Haus und Küche

Impressum

© LV.Buch
  im Landwirtschaftsverlag GmbH,
  48084 Münster, 2017

Herausgeber:
Thomas Richter

Rezepte:
Janny Hebel, www.artcuisine.eu
S. 10/16/20/26/39/40/43/47/75 EINFACH HAUSGEMACHT

Fotografie:
Fotowerkstatt Astrid Hafer
S. 12/19/29/30/44/69 Merle Cramer, S. 10/16/26/39 Manuela Rüther, S. 20/47 Ulli Hartmann, S. 40/43 Katarzyna Tasiemska, S. 75 StockFood/Lister, Louise

Gestaltung:
Monika Wagenhäuser, LV.Buch

Lektorat:
Saskia Thiele, www.saskiathiele.de

Druck:
Griebsch & Rochol Druck GmbH, Hamm

ISBN 978-3-7843-5519-1